AF185836

Markus Müller

Empowerment durch Sport und Bewegung

Wie Sport und Bewegung im Change Prozess unterstützend wirken

www.tredition.de

© 2013 Markus Müller

Illustrationen von Markus Müller

Verlag: tredition GmbH, Hamburg
ISBN: 978-3-8495-7122-1
Printed in Germany

Das Werk, einschließlich seiner Teile, ist urheber-rechtlich geschützt. Jede Verwertung ist ohne Zu-stimmung des Verlages und des Autors unzulässig. Dies gilt insbesondere für die elektronische oder sonstige Vervielfältigung, Übersetzung, Verbrei-tung und öffentliche Zugänglichmachung. Sämtli-che verwendeten Fotos stammen aus der Online-Bilddatenbank von fotolia.de.

www.tredition.de

Der Autor hat einen betriebswirtschaftlichen Berufshintergrund und schloss sein Primärstudium mit einem Mastertitel in Marketing ab. Er arbeitete für national und international bekannte Unternehmen. Markus Müller war viele Jahre als Hochleistungssportler aktiv.

Die grosse praktische Erfahrung, gepaart mit Aus- und Weiterbildungen auf Hochschulniveau als Mental- und systemischer Coach, verleihen dem Autor ein einzigartiges Profil und eine Legitimierung als Begleiter und Berater von Privatpersonen, Führungskräften und Unternehmen.

«Two Steps Forward, One Step Back»

Innehalten. Einen Schritt zurückgehen. Um erneut zwei Schritte vorwärts gehen zu können. Auch wenn es etwas mehr Zeit benötigt. Es ist oft nachhaltiger, als drei Schritte auf einmal vorwärts zu gehen.

Inhaltsverzeichnis

Vorwort

Bewegungs-Coaches sind «en vogue». Nicht wenige Berater bezeichnen sich als Outdoor-Coaches und beraten ihre Klienten während Jogging-Ausflügen oder auf Wanderungen durch Wald und Wiese. Doch was ist Outdoor-Coaching eigentlich genau? Bloss eine Modeströmung? Oder macht es wirklich Sinn, Klienten während oder nach der Bewegung zu beraten? Und welche ist die richtige Bewegungsform?

Mit dem vorliegenden Booklet erhalten Sie einen kleinen Einblick in die Welt des Bewegungs-Coachings. Nach einem eher philosophisch-theoretischen Einstieg zeige ich Ihnen, wo Bewegung bereits als sinnvolles und nachhaltiges Empowerment-Tool eingesetzt wird. Schliesslich erhalten Sie einige (hoffentlich) nützliche Tipps, damit Sie – auch wenn Sie noch kein «Bewegungs-Coach» sind – einen praxisorientierten Einstieg in das Thema finden.

Ich wünsche Ihnen viele Bewegungsstunden und damit verbunden viele Fortschritte in den Veränderungsprozessen ihrer Klienten. Sozusagen «on the run».

Markus Müller, im November 2013

Einleitung

Der römische Dichter Juvenal schrieb in seinen Satiren (vgl. Juvenal, Satire 10, Linie 356) dereinst den noch heute viel zitierten Satz «Mens Sana in Corpore Sano» nieder. Ursprünglich war das Zitat satirisch gedacht. Juvenal bezog sich darauf, dass der Mensch sinnvollerweise die Götter um einen gesunden Geist und einen gesunden Körper bat. In der geschichtlichen Folge wurde dieses Zitat oftmals so überinterpretiert, dass ein gesunder Geist einen gesunden Körper voraussetze (vgl. http://de.wiktionary.org). Natürlich besteht für diese Interpretation heute keine Grundlage mehr. So manche – im engeren Sinn nicht gesunde – handicappierte Athletinnen und Athleten aber auch Wissenschaftler erbringen körperliche und geistige Spitzenleistungen. Die Überinterpretation von Juvenals Zitat hält bis in die Neuzeit an. Besonders gravierend trat sie im deutschen Nationalsozialismus des 20. Jahrhunderts zu Tage. Genau aus diesem Grund wurde der körperlichen Ertüchtigung ein hoher Stellenwert beigemessen.

Zeitgenössische Mental-Gurus stellen immer wieder die These auf, dass intensives physisches Training die geistige Leistungsfähigkeit stark positiv beeinflusse. Eine weitere, umgekehrte These wird von vielen modernen Mentaltrainern gestützt. Mit mentalen Trainingsmethoden sollen körperliche

Leistungen erbracht werden, die im Normalfall dem Körper nicht zugemutet werden. So fordert heute so mancher Durchschnittsbürger seinem Körper Höchstleistungen ab, indem er beispielsweise Marathons läuft oder Langstrecken-Triathlons absolviert. Dies mitunter dank der Zuhilfenahme mentaler Trainingstechniken, welche die Extremleistungen erst ermöglichen sollen. Auch wenn das Motto «Was funktioniert, ist erlaubt» im Alltag durchaus seine Gültigkeit haben darf, längst nicht alles, was gewisse Mental-Gurus anbieten, ist wissenschaftlich untermauert. Viele Fakten sind schlecht untersucht und Thesen kaum erhärtet.

Es ist jedoch eine vielfach belegte wissenschaftliche Tatsache, dass Sport und Bewegung Stoffwechselvorgänge in Bewegung setzen. So wird dabei z.B. die Ausschüttung von Adrenalin bei körperlichen Extremleistungen unterstützt. Oder wird die Ausschüttung von Botenstoffen wie Serotonin, Dopamin oder Endorphinen begünstigt. Ein Phänomen, das speziell im Ausdauersport zu beobachten ist.

Die vorliegende Abhandlung nimmt auf diese besagten Stoffwechselvorgänge Bezug und beschreibt, warum Empowerment durch Bewegung und Sport seine Berechtigung hat. Dazu werden Gedanken und Lösungsansätze skizziert, welche darauf aufbauen, Veränderungsprozesse über körperliche Bewegung überhaupt erst zu ermöglichen, bzw. diese zu erleichtern. Das Booklet beleuchtet Empowerment durch Bewegung und Sport nicht bloss auf der persönlichen Ebene (oft wird Bewegungs-Coaching ausschliesslich mit dem Coaching von Einzelpersonen verwendet), sondern unterscheidet zwischen drei verschiedenen Stufen (gesellschaftlich-soziale, Unternehmens- und persönliche Ebene).

Ebenen des Empowerments

Von Laotse stammt die Weisheit, dass wer «die Welt verändern wolle, bei der Person beginne, die sie jeden Morgen im Spiegel sehe». Diese Weisheit mag antiquiert klingen. Sie hat jedoch heute die gleiche Gültigkeit wie früher. Abläufe und Vorgänge im globalisierten Alltagsleben werden ständig komplexer und schneller. Etwas im «Grossen» zu verändern, ist schwierig, sofern nicht immense personelle und finanzielle Ressourcen zur Verfügung stehen. Laotses Zitat mag deshalb als Beispiel dafür gelten, dass Veränderungen auf sozialer und gesellschaftlicher Ebene auf der persönlichen Ebene beginnen. Hackl untersuchte wissenschaftlich (vgl. Hackl, 2009: 92 – 93), ob Sport ein angebrachtes Mittel für Veränderungen auf sozialer Ebene sei. Sie schliesst mit einem grundsätzlichen «Ja». Sport habe das Potential, Veränderungen auf gesellschaftlich-sozialer Ebene zu unterstützen. Sie beschreibt dabei kleine, überschaubare Projekte, die auf persönlicher und inter-personeller Ebene angegangen werden. Veränderungen auf dieser, persönlichen Ebene liegen in eigener Hand und können – mehr oder weniger - jederzeit in Angriff genommen werden. Und sie haben wiederum, ganz in der Manier Laotses, einen Einfluss auf das persönliche Umfeld und damit in letzter Konsequenz auch auf die Gesellschaft in der man lebt.

Die gesellschaftlich-soziale Ebene

Veränderungen auf gesellschaftlich-sozialer Ebene zu erwirken ist ein langwieriger Prozess. Oft geht es um Werthaltungen und Philosophien von ganzen Bevölkerungsschichten, die über Jahrzehnte und länger gewachsen sind. Veränderungen auf solch «hoher» Ebene werden sinnvollerweise nicht im Ganzen angegangen. Ausgewählte Akteure werden mit geeigneten Bemächtigungsmethoden ausgestattet. Sport und Bewegung sind dabei beliebte und hoch wirksame Empowerment-Methoden, die nachweisbar funktionieren. Als Beispiel sind nachfolgend drei Projekte aufgeführt, bei denen es gelungen ist, nachhaltige Erfolge zu erzielen.

«Right To Play»

In diesem Projekt wird Sport, körperliche Aktivität und Spiel gezielt eingesetzt, um wesentliche Entwicklungs- und Friedensziele zu erreichen. Dabei steht das Recht aller Menschen im Mittelpunkt, an Sport- und Freizeitaktivitäten teilnehmen zu können. Die Aktivitäten sind jedoch nicht Selbstzweck, übergeordnete Entwicklungsziele haben Vorrang. Die Programme kombinieren Sport und Spiel mit non-sportiven Teilen. Sie erfolgen nicht als losgelöste Massnahmen, sondern in Kooperation mit anderen lokalen und regionalen Entwicklungsaktivitäten.

Grafik sinnbildlich nach Right To Play

Sport wird innerhalb von «Right To Play» nicht als Allzweckheilmittel gegen kriegerische Auseinandersetzungen aufgeführt. Es wird aber implizit auf die Tatsache gesetzt, dass Sport und Bewegung effiziente Werkzeuge sind, persönliche Charaktereigenschaften langfristig zu verändern. Damit stellen sie ein hervorragendes Empowerment-Tool für nachhaltige Veränderung dar (vgl. http://www.righttoplay.com). Das (Schweizer) Team besteht aus rund drei Dutzend national und international anerkannten Athletenbotschafterinnen und -botschaftern und entsprechenden Coaches. Die Programme von «Right To Play» werden mittlerweile in 20 Ländern Afrikas, Asiens, dem Mittleren Osten und Südamerikas umgesetzt.

ACRO Ghana «Prison Sports»

ACRO (Ghana) steht als Akronym für «Association for the Care and Rehabilitation of Offenders».

Die private Organisation kümmert sich um die Betreuung und Rehabilitation von straffällig gewordenen Menschen in Ghana. Die Organisation wurde 2004 gegründet. ACRO betitelt ihre Vision als das «Schaffen einer sichereren Gesellschaft, in der Menschenrechte respektiert werden». Die Verbrechensprävention soll durch die Beendigung von sozialer Ausgrenzung geschehen, bereits straffällig gewordene Bürger sollen in die Gesellschaft re-integriert werden.

Die Programme von ACRO Ghana bedienen sich namentlich des Sports, im Speziellen des Fussballs, Volleyballs und Tischtennis', um Armut und Analphabetismus zu bekämpfen und Frieden, Geschlechtergleichheit und AIDS-Prävention zu fördern. Innerhalb des Programmes ist ein grösseres Projekt dem «Gefängnissport» gewidmet. Die Zielgruppe besteht aus Häftlingen verschiedener Gefängnisse. Während der Bewegung, innerhalb des Spiels, werden die Häftlinge auf ihre gesellschaftliche Rückintegration vorbereitet. Dabei soll das Bewusstsein dafür gestärkt werden, welche Betätigung nach der Inhaftierung ausgeübt werden könnte. Die sportliche Betätigung soll nach der Entlassung nicht aufhören, die Inhaftierten werden an Sportvereine in ihren Kommunen «überwiesen». Das soll wiederum dazu beitragen, Freundschaften zu entwickeln, welche die soziale Stabilität erhöhen (vgl. http://www.acroghana.co).

ACRO Ghana beschreibt explizit, dass Sport und Bewegung dabei helfen sollen, die Selbstachtung und das Selbstvertrauen aufzubauen. Das Zugehörigkeitsgefühl soll gestärkt, ein gesünderer Lebensstil begünstigt und vor allem die Teamfähigkeit gesteigert werden.

Skateistan

Skateistan, ursprünglich eine private, afghanische Organisation, wuchs rasch zu einer internationalen Non-Profit-Organisation (NPO) heran. Skateistan ermöglicht Zugang zu Bildungsprogrammen, die in erster Priorität Mädchen und Kinderarbeiterinnen und -arbeitern zu Gute kommt. Die Programme, die sich - der Name ist selbsterklärend - vor allem mit dem Skateboarden als Empowerment-Tool beschäftigen, helfen Freundschaften aufzubauen und das Vertrauen in sich selbst zu stärken. Skateistan ist seit 2007 in Afghanistan präsent. Im Oktober 2009 wurde der Bau eines ersten, komplett ausgerüsteten Skateparks auf über 5'000 Quadratmetern fertig gestellt. Das dafür benötigte Land wurde vom Afghanischen Olympischen Komitee zur Verfügung gestellt. Die NPO ist nicht politisch inspiriert und arbeitet unabhängig von Ethnien, Glaubenshintergründen und sozialen Schichten. Die Organisation beschreibt ihre Zielgruppen als Kinder und Jugendliche im Alter von fünf bis achtzehn Jahren. 40 % der Kinder sind Mädchen. Skateistan beabsichtigt, seine Programme weltweit zu etablieren. Zurzeit laufen Extensionsprogramme in Kambodscha und Pakistan (vgl. http://www.skateistan.org/content/our-story).

Explizit beschreibt die Organisation, dass ihre Sport- und Bewegungsprogramme lediglich Instrumente sind, eine zunehmend wachsende Randgruppe von Kindern und Jugendlichen zu bemächtigen, im nicht einfachen sozialen Alltag Kraft und Verantwortung für die eigene (Weiter-)Entwicklung aufbauen zu können. Dabei entscheiden die Kinder und Jugendlichen selbst, mit welchem Lernstoff sie sich beschäftigen wollen. Skateistan liefert dazu das (sichere) Umfeld. Für ihr Engagement wurde die NPO 2013 als weltweit eine der hundert wichtigsten Non-Profit-Organisationen ausgezeichnet.

Zusammenfassend kann vermerkt werden, dass die drei exemplarisch ausgewählten Beispiele sich alle ähnlicher Attribute bedienen. Mit den Aktivitäten werden die teilnehmenden Personen indirekt befähigt, mit komplexen Lebenssituationen umzugehen. Das geschieht einerseits über eine Entwicklung der eigenen Persönlichkeit und andererseits über den Aufbau von sozialen Beziehungen.

Die wirtschaftliche Ebene

Im Jahr 2010 wurde letztmals die Stress-Studie «Stress bei Schweizer Erwerbstätigen» vom Staatssekretariat für Wirtschaft (SECO) publiziert. Gemäss besagter Studie (vgl. Stress-Studie 2010. Stress bei Schweizer Erwerbstätigen. Zusammenhänge zwischen Arbeitsbedingungen, Personenmerkmalen, Befinden und Gesundheit) empfinden während den zwölf der Studie vorausgegangenen Monaten bei der Arbeit 34% der Schweizer Erwerbstätigen häufig (23%) oder sehr häufig (11%) Stress. 52% der Erwerbstätigen fühlen sich manchmal gestresst. Lediglich 13 % der Beschäftigten äusserten, dass sie nie Stress empfanden. Aufgrund unterschiedlicher Fragestellungen können die Resultate nicht direkt mit Zahlen der Studie verglichen werden, die fünf Jahre früher durchgeführt wurde. Im Gegensatz zur Studie von 1999. Im Vergleich dazu stieg die Anzahl betroffener Personen markant an. Das hat für die Wirtschaft einen Einfluss auf Kosten, die aufgrund stressbedingten Ausfalls am Arbeitsplatz anfielen. Verlässliche Zahlen aus der Schweiz basieren auf der vorgängig erwähnten SECO Stress-Studie (vgl. SECO Stress-Studie 2010), die darauf hinweist, dass im Jahr 2000 Kosten für Absenzen am Arbeitsplatz und entsprechende Behandlungskosten auf CHF 4.2 Mia. geschätzt wurden. Das nominelle Bruttoinlandprodukt (BIP) lag zu jener Zeit im Bereich von rund CHF 400 Mia., was einem Ausfallanteil von über einem Prozent des BIP's entsprach. Hierbei waren weder IV-Kosten oder Arbeitsausfallkosten (ALV) berücksichtigt.

In Deutschland sprechen statistische Daten eine ähnliche Sprache. Gemäss Angaben der Bundespsychotherapeutenkammer (BPtK) (vgl. http://www.bptk.de/aktuell/einzelseite/artikel/betriebliche.html) verdoppelte sich seit dem Jahr 2000 die Anzahl an Fehltagen aufgrund seelischer Leiden beinahe. 12.5 % aller Krankheitsausfälle gingen auf psychische Erkrankungen zurück. Dazu habe seit 2004 die Zahl der Krankschreibungen aufgrund von Burn-out-Symptomen wie Erschöpfung und Antriebslosigkeit drastisch zugenommen. 2004 wurden bei 100 Versicherten wegen solcher Symptome 0.6 Fehltage pro Jahr registriert. 7 Jahre später wuchs diese Zahl auf das Fünfzehnfache, auf rund neun Absenztage.

Stress. Einer der häufigsten Startpunkte für Veränderungsprozesse

Die enorm hoch anmutenden Zahlen sind grundsätzlich erkannt. Das europäische Netzwerk für betriebliche Gesundheitsförderung erkannte die Notwendigkeit eines betrieblichen Gesundheitsmanagements (BGM) verhältnismässig früh und veröffentlichte 1997 in ihrer «Luxemburger Deklaration» vier Grundsätze, die als entscheidende Erfolgsfaktoren für Betriebliche Gesundheitsförderung stehen sollten: Partizipation, Integration, Projektmanagement und Ganzheitlichkeit. Im heute gemeinen Verständnis des BGM sind drei Massnahmenbereiche massgebend. Dazu zählen Verhaltens- und verhältnisorientierte Massnahmen, Die Gestaltung von lern- und persönlichkeitsfördernden Arbeitsaufgaben, sowie eine Anpassung, bzw. Entwicklung einer stimmigen Unternehmenskultur mit parallel angepasster Führungsphilosophie. Die Massnahmen können demnach unter zwei Gesichtspunkten betrachtet werden: Anpassungen auf organisationaler Ebene sowie Vorkehrungen auf individueller Ebene der Mitarbeitenden.

Veränderung auf den Ebenen der (Unternehmens-)Werte, -Philosophien und Prozesse sind wesentlich langwieriger durch- und umzusetzen als Massnahmen auf Ebene der Mitarbeitenden. Trotzdem sind Modelle, die sich mit Veränderungen auf organisationaler Ebene beschäftigen in der Regel nachhaltiger als Projekte, die bloss auf die Entwicklung von Mitarbeitenden abzielen. Der Autor dieses Booklets beschreibt (vgl. Müller, 2012: 92 - 108) im Kontext mit Sportpsychologie und Mentaltraining ausführlich den Wert einer vorgängigen Veränderung der Grundlagen in der Unternehmung, bevor die Interventionen auf individueller Basis einsetzen sollten.

Die persönliche Ebene

Aufgrund der Komplexität auf gesellschaftlich-sozialer als auch auf organisationaler Ebene zielt also Bewegung und Sport als Empowerment-Tool in erster Linie auf das Individuum ab. Auch wenn es systemisch gesehen weniger nachhaltig ist, eine gewisse Wirkung wird wohl tatsächlich am Schnellsten erzielt, wenn die Bewegungsarbeit mit Einzelpersonen durchgeführt wird, um persönliche Ziele zu erreichen und Veränderungsprozesse einfacher herbeizuführen. Zwei in diesem Abschnitt benutzte Worte sind in diesem Zusammenhang als zentral zu betrachten: «systemisch» und «Ziele».

Individuen und Organisationen. Immer Teil eines grösseren Systems

Auch wenn Change Prozesse bei Einzelpersonen rascher greifen, stets sind diese – oder zumindest Einzelpersonen der arbeitenden Bevölkerung - Teil eines Unternehmens-Systems. Wenn die Strategie darauf abzielt, Veränderungsprozesse von Systemen durch Veränderungen bei deren Teilen zu er-

reichen, dann müssen zumindest die Individual-
ziele mit den organisationalen Zielen so kongruent
wie möglich sein. Als metaphorisches Beispiel dazu
dient eine Sportmannschaft, die in einer x-beliebi-
gen zweithöchsten Liga eines Landes spielt. Sehr oft
sind solche Ligen Ausbildungsligen. Junge Spieler
werden mehr oder weniger sanft an die Herausfor-
derungen höherer Ligen herangeführt. Gleichzeitig
beenden in «B»-Ligen nicht selten ehemalige hoch-
klassige Athletinnen und Athleten ihre Laufbahn.
Für die «B»-Ligen ist die Erfahrung und das Können der entsprechenden Athletinnen und Athleten
meist ein Glücksfall, denn oft sind diese Individuen
auch Zuschauermagnete. Und doch… die «altern-
den» Stars haben wohl andere Ziele als die jungen
Bestandteile eines Teams.

Das soll aufzeigen, dass in solchen Fällen die In-
dividualziele möglichst gut mit den Zielen des
Teams übereinstimmen sollten. Oder entsprechend
in der Wirtschaft, die Ziele der Mitarbeitenden sollen möglichst genau mit jenen des Unternehmens
übereinstimmen. Nur damit ist ein doppelter Ge-
winn gewährleistet, indem Unternehmung als auch
Mitarbeitende profitieren.

Unterschiede der drei Ebenen

Es wurde aufgezeigt, dass auf gesellschaftlicher Ebene grosse Veränderungen fast ausschliesslich über die individuelle, persönliche Ebene angestossen werden können. Auf der Ebene einer Unternehmung sind systemische Veränderungen durchaus möglich, wenn auch langwieriger umsetzbar. Deshalb findet eine grosse Anzahl der Arbeitsschritte innerhalb eines BGM-Konzepts auf der Ebene der Personal- und Persönlichkeitsentwicklung statt. Und weniger auf der organisationalen Ebene. Zusammenhängend mit dem Konzept einer ausgewogenen «Work Life Balance» erhält Sport und Bewegung einen hohen Stellenwert. Nachgewiesenermassen können stressbedingte Ausfallkosten durch ein gesundes Mass an Bewegung und Sport massiv reduziert werden.

Im Gesamtkontext sollte deshalb der Bewegung und dem Sport als – im weitesten Sinn – Empowerment-Tool auch innerhalb dem «System» Unternehmung eine grosse Bedeutung beigemessen werden. Nicht bloss im Zusammenhang mit der körperlichen Gesundheit. Auch psychisch lassen sich durch Sport und Bewegung markante Leistungsverbesserungen erzielen. Dies im Sinne einer Perspektivenänderung, vor allem bei modernen Wissens- und Kreativarbeitenden. In der Regel kommen gute Ideen nicht am (Bildschirm-)Arbeitsplatz, sondern durch eine Veränderung des Umfelds, sehr oft im Freien während der Bewegung.

Sei es nun auf der gesellschaftlich-sozialer Ebene oder innerhalb von Unternehmen. Der einzelne Mensch ist in der Regel der Ansatzpunkt für Veränderungen. Dem Empowerment durch Sport und Bewegung auf der persönlichen Ebene wird deshalb im folgenden Kapitel umfassend Rechnung getragen.

Der persönliche Veränderungsprozess

Unterscheidung Sport und Bewegung

Bei der Unterscheidung verschiedener Arten von Bewegung und Sport im Zusammenhang mit «Empowerment» lohnt es sich, verschiedene Motivationstypen zu betrachten. Einerseits geht es um die «intrinsische Motivation». Diese kommt ohne äussere Belohnung und ohne äusseren Druck aus. Dabei stimmen Handlungsziel und Handlungszweck miteinander überein. Der Spass an der Sache, die Freude daran, persönliche Leistungsziele zu erreichen und die Erfahrungen, bzw. der Ausbau eigener Kompetenz stehen im Vordergrund. Bei der «extrinsischen Motivation» hingegen wird Sport betrieben, um Ziele zu verfolgen, die mit Hilfe des Sports erreicht werden sollen. Dabei handelt es sich in der Regel um soziale und gesundheitsorientierte Ziele. Handlungsziel und Handlungszweck stimmen hierbei nicht miteinander überein. Bei den sozialen Zielen geht es um Faktoren wie soziale Anerkennung (Zugehörigkeit zu einer Gruppe), um materielle Belohnung (Aussicht auf Ausrüstung und Preisgelder) oder schlicht um sozialen Status. Beispiele, wie der soziale Status massiv gesteigert wird, geben Sportlerinnen und Sportler in radikalen Sportarten ab. Wenn der Extrem-Alpinist Ueli Steck auf Vortragsreise geht, sind in der Regel alle Anlässe ausverkauft. Oder aussergewöhnliche Ausdauersportler, die z.B. das Extrem-Event «Marathon des Sables» absolvieren, dürfen sich der Bewunderung von Familie, Freundeskreis und Öffentlichkeit gewiss sein.

Extremsportarten

Dabei ist die Tendenz, immer härtere, längere und grössere sportliche Leistungen zu vollbringen, ungebrochen. Jene fünfzehn Sportler, die 1978 zum ersten Mal drei anerkannte hawaiianische Ausdauerwettkämpfe, das «Waikiki Rough Water» (2,4 Meilen Schwimmen), das «Around Oahu»-Radrennen (115 Meilen) und den Honolulu-Marathon (26,2 Meilen) innerhalb eines Wettkampfes (heute: Ironman Triathlon Hawaii) absolvierten, galten noch als Spinner, als Extremsportler sondergleichen, deren bester unter ihnen die gesamte Strecke in knapp zwölf Stunden absolvierte. Die Grenze, was vor 35 Jahren als extrem galt und was heute ausserordentlich ist, hat sich enorm verschoben. Im Oktober 2013 beendeten über 1'900 Athletinnen und Athleten in verschiedenen Altersklassen das Rennen auf der Pazifikinsel Oahu. Drei Viertel (1'464) der Athletinnen und Athleten blieben dabei unter der Siegerzeit aus dem Jahr 1978.

Im Jahre 1994 untersuchten Hennig, Laschefski und Opper eine Testgruppe von zwölf männlichen Bungee-Springern, die alle zum ersten Male sprangen (vgl. Hennig, Laschefski, Opper, 1994). Dabei

wurden zehn Stimmungsmessungen und vier Blut-
proben vor und nach dem Sprung gemacht. Das Re-
sultat zeigte bedeutende Verbesserungen der jeweiligen Befindlichkeit, der Beta-Endorphinwert
wurde verdreifacht. Die Autoren der Studie schlos-
sen daraus, dass ein Ausstoss an Beta-Endorphinen
als Mediator für Euphorie stehen kann. Weiter fol-
gerten die Autoren, dass ein Potential zur Sucht besteht.

Extremsportarten. Oft Selbstzweck, weniger Mittel zum Zweck

Auch wenn also in den meisten sport- und bewe-
gungsbezogenen Empowerment-Fällen die Motivation extrinsischer Natur sein dürfte, ist es selbsterklärend, dass in diesem Zusammenhang eher nicht
von extremen Sportarten die Rede sein kann. Viel

eher geeignet sind Sportarten bei denen eine ausdauernde Leistung erforderlich ist, die jedoch ein gesundes Regelmass nicht übersteigt.

Ausdauersport

Urvölker taten es schon vor Hunderten und Tausenden von Jahren. Sie begaben sich durch repetitive Bewegungen in eine Art Trancezustand. Entweder der Trance Willen, um halluzinogene Visionen zu erzielen oder um gewisse Riten (z.B. Initiationsriten) leichter zu ertragen. Im weitesten Sinne existiert eine moderne Form dieser Trancezustände. Bei verschiedensten Arten des Ausdauersports werden Bewegungen in repetitiver Form bis zu mehreren Stunden hintereinander ausgeführt. Wer schon einmal 90 Minuten oder länger gelaufen ist, kennt das Gefühl eines sich, über biochemische Vorgänge gesteuert, einstellenden Tunnelblicks. Das Phänomen des «Runner's High» ist ebenso geliebt wie gefürchtet.

Speziell geeignet für Bewegungscoaching: Repetitive Bewegungsarten

Was geschieht genau bei dieser Art der Bewegung? Das menschliche Gehirn schüttet während einer ausgedehnten Ausdauerleistung den Botenstoff Serotonin aus (vgl. Götz und Zimmermann oder Kubesch, 2005: 46 - 47). Im Gegenspiel mit einer Dopamin-Ausschüttung werden synaptische Verbindungen aktiviert. Des Weiteren fördert Bewegung die Durchblutung des Gehirnes. Bereits minimale körperliche Belastungen von 25 Watt ergaben markante Durchblutungssteigerungen in verschiedenen Hirnregionen. Die erhöhte Durchblutung als auch die Aktivierung von Synapsen sind ein Hinweis darauf, dass Sport und Bewegung förderlich sind, um kognitive Leistungen zu unterstützen. Kognitive Leistungen, wie sie bspw. in einer persönlichen Standortbestimmung mit einem damit verknüpften Veränderungsprozess erforderlich sind. Viele Ausdauersportler berichten davon, dass ihr Kopf nach einer moderaten sportlichen Anstrengung wieder frei sei und man wieder klar denken könne.

Ein weiteres Beispiel aus der (Lauf-)Praxis fördert eine interessante Beobachtung zu Tage: Ein Läufer, der über knotige, ständig wechselnde Untergründe (bspw. Stein- und Felsuntergründe, gemischt mit unebenem Waldboden) läuft, muss sich – um Fehltritte zu vermeiden – ständig auf die Auftrittsstellen der Füsse konzentrieren. Dabei liegt die Punktkonzentration des Blicks zwei oder drei

Schritte voraus. Der eigentliche Fussauftritt wird jedoch, vom Auge nicht unmittelbar visuell begleitet, nicht bewusst gesteuert. Die Konzentrationsfähigkeit während der sportlichen Leistung ist enorm erhöht, der Körper agiert in diesem Moment in einer Art Automatismus. Der Moment des körperlichen Automatismus' ergibt eine Art der Trennung von Körper und Geist. Die Psyche kann sich in diesem Moment – ganz losgelöst von körperlichen Vorgängen – Gedanken widmen, für die sonst in dieser reinen Form nicht die Möglichkeit besteht.

Spiel-, Fun- und weitere «sanfte» Sportarten

Beim Ausdauersport (Walking, Radfahren, Laufen, Langlauf o. ä.) wird die erhöhte Gehirndurchblutung und die Aktivierung von Synapsen unmittelbar und direkt dazu genutzt, in Coachingprozessen Fortschritte zu erzielen. Daneben gibt es auch Sport- und Bewegungsarten, die auf eine andere Art ein Empowerment-Tool darstellen. Bei Spielsportarten (z.B. Volley-, Fuss- oder Handball), Funsportarten (z.B. Skateboarden, Slacklining oder Bouldern) sowie anderen «sanften» Sportarten (z.B. Schach, Reiten etc.) geht es in erster Linie darum, über die Bewegung und der damit verbundenen externalen oder internalen Konzentration, eine (Gedanken-)Ablenkung zu erzielen. Eine Ablenkung, die im weitesten Sinne einem Perspektivenwechsel gleichkommt. Durch diesen Wechsel des Blickwinkels werden gewisse Sachlagen anders als in früheren Stadien beurteilt.

Während die Botenstoffausschüttung nicht ganz so relevant wie bei einer ausdauernden Sportart ist, bleibt das Phänomen der erhöhten Gehirndurchblutung. Unsere Hände bilden ca. 2 % der Körpermasse, sind jedoch auf 60 % der Grosshirnrinde repräsentiert (vgl. Götz und Zimmermann). Dadurch ist auch über den Einsatz der Hände (wie z.B. bei den beschriebenen Sportarten Volleyball, Bouldern oder Schach) eine nicht zu unterschätzende Durchblutungssteigerung in fast 60 % der Grosshirnfläche zu erzielen.

Die Auswahl der geeigneten Bewegung ist gross... und individuell

Eine damit verwandte Art der Vorbereitung auf Coaching- oder andere kognitive Prozesse wird von unzähligen Moderatoren, Coaches und Trainern seit Langem angewandt: Aktivierungsübungen mit sanfter körperlicher Bewegung zur Einstimmung auf Coaching- und Lernprozesse. Erwähnenswert in diesem Zusammenhang ist das österreichische EQUAL-Projekt «AEIOU - Arbeitsfähigkeit erhalten». Innerhalb dieses Projektes, das vom 1.9.2002 bis 31.8.2005 in Österreich umgesetzt wurde, entwickelten Martina Polleros und Barbara Schwiglhofer (vgl. Polleros und Schwiglhofer, 2005) eine 45 Übungen umfassende Sammlung, die durch das Spiel mit Körper, Bewegung, Stimme, Emotion und Ausdruck befähigen soll, nicht frühzeitig krankheitsbedingt aus dem Erwerbsleben ausscheiden zu müssen.

Bewegung in Coaching und Beratung

Outdoor Coaching

Neben den bekannten Aktivierungsübungen als Einstieg zu Coaching- und Lernsessionen ist das gut eingeführte Outdoor Coaching eine weitere Form des Empowerments über Sport und Bewegung. Viele Coachings, die ausserhalb der vier Wände eines Coaching- und Beratungsraums durchgeführt werden, bedienen sich bestimmter Philosophien, die nahe zur Grenze der Esoterik gehen (bspw. Feuerlaufen). Grundsätzlich gilt zwar: «Was funktioniert, ist erlaubt». Das eigentlich Wertvolle an einem professionellen, sich an wissenschaftliche Erkenntnisse anlehnende Outdoor Coaching ist die Tatsache, dass es eine Distanz zum Arbeits- und Lebensalltag bringt. Der entsprechende Perspektivenwechsel, gepaart mit einer erhöhten Gehirndurchblutung durch Bewegung und eines damit verbundenen, erleichterten Sauerstofftransports machen Outdoor Coaching zu einer wertvollen Art der Beratung.

Laufen als Therapieform

Im Laufe der 1960er-Jahre entstand eine neue Form der Integrativen Therapie, die Integrative Leib- und Bewegungstherapie (IBT). Diese Form der Therapie setzt – neben Ausdrucksformen in der

Kunst (z.B. Maltherapie; auch Malen geschieht in der Bewegung) – auch auf die Bewegung über sportliche Betätigung. In der Behandlungsplanung wird dabei ein Fokus auf persönliche Ressourcen gelegt. Dabei geht es darum, (wieder) zu entdecken, was die «Quellen» des eigenen Lebens sind. (vgl. Waibel und Jacob-Krieger: 62). Wie bspw. beim Malen kann über die sportliche Bewegung der eigene Körper erfahren werden. Was es heisst, nicht mehr weiter zu können, erhält plötzlich nicht mehr bloss sinnbildlichen Wert, sondern wird durch die eigene körperliche Leistungsfähigkeit aufgezeigt. Den Körper zu erfahren, heisst auch, ihn zu spüren. Das Phänomen des «sich selbst nicht mehr Spüren Könnens» ist heute weit verbreitet. Nicht bloss bei psychisch angeschlagenen oder kranken Menschen. Durch die Bewegung erhält der Körper sprichwörtlich «Power». Die gesteigerte Leistungsfähigkeit kann schliesslich auf Persönlichkeitswerte wie Selbstvertrauen oder Selbstwert transferiert werden.

Eine etwas spezielle, sehr moderne Form der IBT stellt die Lauftherapie dar, die oft als eine Art Eigentherapie verwendet wird. Marlovits (vgl. Marlovits, 2006) führte erfolgreich über mehrere Jahre hinweg hundert Tiefeninterviews mit Läuferinnen und Läufern durch. Anhand der minutiösen Äusserungen seiner Probandinnen und Probanden entwickelte er schliesslich eine durch ihn so bezeichnete

«Psycho-Analyse» des Dauerlaufens. Ohne die Interviews wissenschaftlich aufgebaut und ausgewertet zu haben, beschreibt Marlovits, wie das Seelenleben «seiner» Läuferinnen und Läufer eine komplette Umwandlung erfuhr (vgl. Marlovits, 2006: 75), ohne dass dabei je eine Art von Drogen eingenommen wurde. Das korreliert letztlich wieder mit wissenschaftlich basierten Studien, dass unter körperlicher (Ausdauer-)Leistung gewisse Botenstoffe ausgeschüttet werden, die eine explizite Wirkung im menschlichen Organismus auslösen.

Auch Marlovits beschreibt explizit, dass dem Rhythmus in den meisten Beschreibungen eine zentrale Bedeutung zukommt. Die andauernd gleichförmige Wiederholung der gleichen Bewegung sei dabei die zentrale Methode, mit der die Differenz und Gegenübergestelltheit von «Ich» und «Welt» angegangen werde (vgl. Marlovits, 2006: 97).

Das Laufen wird im beschriebenen Kontext von Marlovits sozusagen zur Eigentherapie, da es von fast jedermann, ohne Anleitung, zu jeder Tageszeit, an fast jedem Ort der Erde und grundsätzlich ohne teure Ausrüstung ausgeführt werden kann. Dabei wird Laufen als Hilfsmittel (Empowerment-Methode) oder Mittel selbst eingesetzt. Durch biochemische Vorgänge lösen sich Probleme – ohne sich nach oder während der Bewegungsbelastung explizit mit der persönlichen Herausforderung zu beschäftigen – oft von selbst, indem ihnen ein anderer

Stellenwert beigemessen wird. Probleme werden plötzlich gar nicht mehr als solche wahrgenommen. Das Gute kann sich allerdings, in einer extremen Form betrieben, auch zum Unguten wandeln.

Vom Empowerment zum Selbstzweck

Und zwar dann, wenn das Laufen als Selbstzweck überwunden wird und die (exzessive) körperliche Betätigung zur Sucht wird. Die Frage, wo die «heilende» Wirkung des Laufens aufhört und die eigentliche Sucht beginnt, ist nicht einfach zu beantworten. Die Grenzen sind schwammig. Die auslösenden Faktoren einer Sucht sind sehr vielschichtig und haben ihren Ursprung tief in der Psyche des jeweiligen Menschen. Wie hoch ist die Leistungsmotivation eines Menschen? Wie attribuiert ein Mensch Vorkommnisse in seiner unmittelbaren Umgebung? Mit welcher Intensität und Extensität betreibt eine Person ihren Sport? Aus welchem Antrieb beginnt jemand, sein Sportpensum immer höher zu schrauben (internale/externale Gründe)? Das können weniger tief berührende Lebensmomente wie eine Trennung von einem Lebenspartner oder die Kündigung einer Arbeitsstelle sein. Oder Traumata wie Todesfälle von nahen Angehörigen bis hin zu schweren Unfällen u. a. So oder so, die Beurteilung der Gründe und eine entsprechende Behandlung sind komplex.

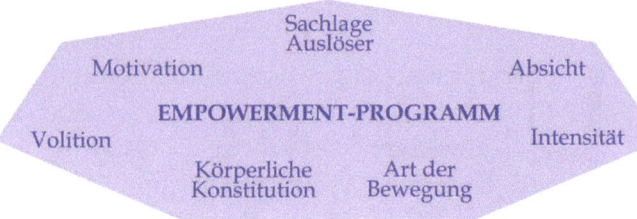

Relevante Faktoren zur Auswahl geeigneter Bewegungsprogramme

Das alles führt letztlich zur Frage, welche Qualifikationen ein (Bewegungs-)Coach mit sich bringen soll, um unterscheiden zu können, in welcher Form bei welcher Person, Sport und Bewegung als Methode eingesetzt werden kann. Dabei soll der Coach fähig sein, die Reichweite und möglichen Wirkungen der eingesetzten Bewegungsart zu kennen.

Der optimale «Bewegungs»-Coach

Ist jeder gute Sporttrainer automatisch ein guter Coach? Oder ist jeder gute Coach automatisch auch ein «Bewegungs»-Coach? Nein! Auch wenn der gesunde Menschenverstand eines bewegungsfreudigen Coaches ihn durchaus befähigt, mit Coachees «Bewegungs»-Coachings durchzuführen. Es schadet keinesfalls, wenn ein «Bewegungs»-Coach ein solides Instrumentarium besitzt.

Was zeichnet einen guten Bewegungscoach aus?

Vorab soll er sich ein Bild davon machen können, ob seine Coachees geeignet sind, mit Bewegung und/oder Sport zu arbeiten. Die Toolbox reicht dabei vom simplen Gespräch bei dem persönliche sportliche und Bewegungsvorlieben von Coachees eruiert werden bis hin zu Kenntnissen verschiedener Belastungstests. Wie bspw. einfache Stufenbelastungstests, die – in ihrer einfachsten Form – ohne grosse Hilfsmittel sowohl im Freien als auch in gut ausgerüsteten Fitnesscentern durchgeführt werden können. Sollte der «Bewegungs»-Coach die Tests nicht selbst durchführen (können), so sollte er zumindest in der Lage sein, vorgelegte Messresultate zu interpretieren.

Musterhafte Trainingspuls-Berechnung

Empfohlener Trainingspuls = (Maximaler Puls - Ruhepuls) x Faktor der Belastungszone + Ruhepuls

Allgemeine Karvonen-Formel

Faktoren der Belastungszonen

0.5 – 0.6	Kompensations- und Gesundheitszone
0.6 – 0.7	Fettverbrennungszone (Grundlagenausdauer 1)
0.7 – 0.8	Aerobe Zone (Grundlagenausdauer 2)
0.8 – 0.9	Aerobe bis anaerobe Zone (Entwicklungsbereich)
0.9 – 1.0	Warnzone (Spitzenbereich wettkampfspezifische Ausdauer)

Ein 40-jähriger Proband mit einem Ruhepuls (gemessen unmittelbar nach dem Erwachen, ohne vorherige Bewegung) von 56 Schlägen und einer eruierten maximalen Herzfrequenz von 172 Schlägen pro Minuten ergibt folgende Berechnung:

(172 - 56) x 0.6 + 56 = Empfohlener Trainingspuls von ca. 125 Schlägen pro Minute

Spezifische Karvonen-Formel

Coachings innerhalb der Gesundheitszone

Es wird empfohlen, ein «Bewegungs»-Coaching in der Gesundheitszone, mit gut trainierten Coachees bis max. in der Zone der Grundlagenausdauer 1 zu absolvieren. Die kognitive Leistung wird in diesem Bereich am Effektivsten sein. Eine Faustregel besagt auch, dass während der sportlichen Leistung ein Gespräch ohne jegliche Anstrengung möglich sein soll, wenn für einmal keine Messmöglichkeiten des Pulses bestehen. Im vorangestellten Beispiel wird von der unteren Fettverbrennungszone ausgegangen.

Werden Spiel-, Fun- oder andere sanfte Sportarten als Empowerment-Methode gewählt, wird das eigentlich Coaching selten während der Bewegungsbelastung durchgeführt. Es ist zu berücksichtigen, dass im Spiel die eigentliche Gesundheitszone oft überschritten wird. Man kommt gehörig ins Atmen und Schwitzen. Ein sinnvoller zeitlicher Abstand zwischen Beendigung der Bewegung und Beginn des Coachings ist einzuhalten. So, dass sich einerseits der Kreislauf beruhigen kann, andererseits aber der gewünschte Effekt der erhöhten Gefässdurchblutung noch präsent ist. Ein vernünftiger Zeitraum dürfte zwischen 20 und 30 Minuten liegen.

Zusätzlich ist zu bemerken, dass der Maximalpuls von Sportart zu Sportart variiert. So liegt der Maximalpuls beim Laufen zehn bis zwanzig Schläge höher als bspw. beim Radfahren.

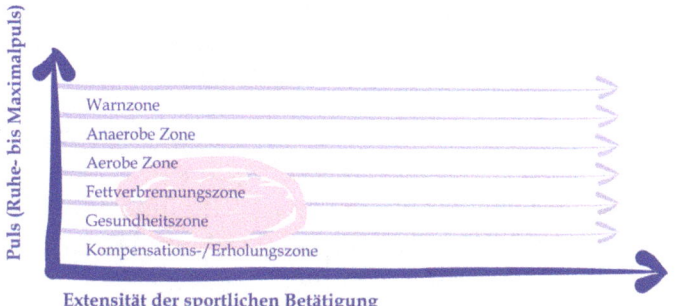

Optimale Belastungszone und Extensität der Aktivität für Bewegungs-Coachings

Befindlichkeitsskalen

Weiter gehören auch Kenntnisse von verschiedenen Befindlichkeitsskalen zum Repertoire des professionellen «Bewegungs»-Coaches. Eine der bekanntesten und einfachsten dieser Skalen zur körperlichen Belastungsempfindung ist die «Borg»-Skala, bei welcher auf einer zehn- oder wahlweise zwanzigstufigen Skala das Körperempfinden von «extrem wenig belastet» bis «maximal belastet, geht nicht mehr» eingeteilt wird. Etwas komplexer, aber auch aussagekräftiger wird die Beurteilung des adäquaten Intensitätsbereiches durch die Nutzung einer in der Psychologie bekannten Skala wie bspw. der Heidelberger Befindlichkeitsskala (HBS). Die HBS arbeitet mit Items wie «entspannt/angespannt», «motiviert/unmotiviert», «energiegeladen und ressourcenreich/ohne Energie und Ressourcen» oder «positiv/negativ». In Einzelfällen empfiehlt sich gar eine Kombination von körperlicher und emotional-geistiger Empfindungsskala.

Ein guter (Bewegungs-)Coach besitzt selbst eine körperliche Leistungsfähigkeit, die jener der Coachees ähnlich oder überlegen ist. Zumindest soll der (Bewegungs-)Coach fähig sein, sich an das körperliche (Trainings-)Niveau des Klienten anpassen zu können. Der Coach soll darüber hinaus eine gute Kenntnis systemischer Tools und zirkulärer Fragestellungen haben. Ebenso sollte er über ein angepasstes Instrumentarium für Controlling und Transfer in den Alltag des Coachees verfügen.

Gibt es ein korrektes Setting?

Zu guter Letzt soll noch die Frage beantwortet werden, ob es DAS korrekte Setting für ein (Bewegungs-)Coaching gibt. Die Antwort ist kurz und bündig: NEIN! Selbstverständlich wird ein empathischer Coach, der ein gutes Körperempfinden hat, ein geeignetes Programm für seine Klienten finden, ohne dass er selbst ein Ausnahmesportler sein muss.

Das vorgängig skizzierte «Heptagon der verschiedenen relevanten Faktoren bei der Auswahl eines geeigneten Bewegungsprogramms als Empowerment-Methode» zeigt ansatzweise auf, wie umfassend die Faktoren sind, die es bei der Auswahl einer möglichen und geeigneten Methode zu berücksichtigen gilt.

Auch die Frage, ob ein Coaching während oder nach der Bewegung stattfindet, obliegt grundsätzlich den persönlichen Vorzügen von Coach und Coachee.

Gefragt sind vor allem eine hohe Verhaltenskreativität, eine gut ausgerüstete Toolbox mit denkbaren Coachingtools und Bewegungsmethoden. Wie auch ein empathischer Coach, der das Mittel des «Bewegungs»-Coachings bewusst, sinnvoll und zielorientiert einzusetzen vermag. Damit sollte einem erfolgreichen Einsatz von Sport und Bewegung als Empowerment-Methode in den meisten Fällen nichts im Wege stehen.

Literaturverzeichnis

ACRO GHANA: (http://www.acroghana.co) (Zugriffsdatum: 4. März 2013)

ALFERMANN, D., STOLL, O., WAGNER, S. & WAGNER, P.: (1995)., Auswirkungen des Sporttreibens auf Selbstkonzept und Wohlbefinden. Ergebnisse eines kontrollierten Feldexperiments. In W. Schlicht & P. Schwenkmezger (Hrsg.). Gesundheitsverhalten und Bewegung: Grundlagen, Konzepte und empirische Befunde (S. 95-111). Schorndorf: Hofmann.

BÖGE, Friederike: Jugendprojekt Skateboarden; Frankfurter Allgemeine Zeitung (http://www.faz.net/aktuell/gesellschaft/afghanistan-jugendprojekt-skateboarden-1799131.html), (Zugriffsdatum: 4. März 2013), 25. Mai 2009

BUNDESPSYCHOTHERAPEUTENKAMMER (BPtK) Website, http://www.bptk.de/aktuell/einzelseite/artikel/betriebliche.html, Artikel vom 6. Juni 2012, (Zugriffsdatum: 7. März 2013)

EUROPÄISCHES NETZWERK FÜR BETRIEBLICHE GESUNDHEITSFÖRDERUNG (ENWHP), Luxemburger Deklaration (1997), http://www.move-europe.de/europaeisches-netzwerk-fuer-bgf-enwhp.html, (Zugriffsdatum 7. März 2013)

GÖTZ, Eva-Maria; ZIMMERMANN, Dr. Matthias: Gehirnleistung und sportliche Betätigung, Thesen und Schlussfolgerungen, Fachbeitrag, http://www.racket-center.de/fileadmin/user_upload/pdf/Fachbeitrag-Gehirnleistung_und_Sport.pdf, (Zugriffsdatum 11. März 2013)

GREBNER, S., BERLOWITZ, I., ALVARADO, V., CASSINA, M., (2011): Stress-Studie 2010. Stress bei Schweizer Erwerbstätigen. Zusammenhänge zwischen Arbeitsbedingungen, Personenmerkmalen, Befinden und Gesundheit. Staatssekretariat für Wirtschaft (SECO), Bern, 2011

HACKL, Elisabeth: Sport and Empowerment - Potential of Sport as an Instrument for Development, Magisterarbeit Universität Wien, 2009

HENNIG, J., LASCHEFSKI, U., OPPER, C.: Biopsychological changes after bungee jumping: Beta-endorphin immunoreactivity as a mediator of euphoria?, Neuropsychobiology, 1994: 29(1): 28 - 32

HOLLMANN Wildor, STRÜDER Heiko K.: Sportmedizin: Grundlagen von körperlicher Aktivität, Training und Präventivmedizin, Schattauer-Verlag, 5. vollst. neu bearb. u. erw., Januar 2009

JUVENAL: Satiren des römischen Dichters (http://www.thelatinlibrary.com/juvenal/10.shtml); Zugriffsdatum: 27. Februar 2013 (http://de.wiktionary.org/wiki/Mens_sana_in_corpore_sano); Zugriffsdatum: 28. Februar 2013)

KRIEGER, Ralph; PEKRUHL, Ulrich; LEHMANN, Mara; GRAF, Maggie: Fünfte Europäische Erhebung über die Arbeitsbedingungen 2010, Ausgewählte Ergebnisse aus Schweizer Perspektive, Schweizerische Eidgenossenschaft, Eidgenössisches Volkswirtschaftsdepartement EVD/Staatssekretariat für Wirtschaft SECO, 2010

KUBESCH, Sabine: Das bewegte Gehirn - Exekutive Funktionen und körperliche Aktivität, Dissertation zur Erlangung des Doktorgrades der Humanbiologie der Medizinischen Fakultät der Universität Ulm, 2005

MARLOVITS, Andreas M.: Laufpsychologie – Dem Geheimnis des Laufens auf der Spur, LAS Verlag, 3. Auflage, Februar 2006

MÜLLER, Markus: Unternehmensentwicklung auf sportliche Art: Sportpsychologie und Mentaltraining im Fokus der Unternehmens- und Personalentwicklung, Taschenbuch, AV Akademikerverlag, 10. Juli 2012

POLLEROS, Martina; SCHWIGLHOFER, Barbara: EMPOWERMENT durch das Spiel mit Körper, Bewegung, Stimme, Emotion und Ausdruck, Übungssammlung, Mai 2005, http://www.equalaeiou.at/Upload/AEIOU_Empowerment_Koerper_BS_MP_ Mai2005.pdf, (Zugriffsdatum: 11. März 2013)

RIGHT TO PLAY: Sport für Entwicklung (http://www.righttoplay.com) (Zugriffsdatum: 1. März 2013)

SKATEISTAN: (http://skateistan.org) (Zugriffsdatum: 4. März 2013)

WAIBEL, Martin J., JACOB-KRIEGER, Cornelia: Integrative Bewegungstherapie: Störungsspezifisch - ressourcenorientiert - evidenzbasiert: Störungsspezifische und ressourcenorientierte Praxis, Schattauer-Verlag, 1. Auflage (17. Dezember 2008)

www.tredition.de

Über tredition

Der tredition Verlag wurde 2006 in Hamburg gegründet. Seitdem hat tredition Hunderte von Büchern veröffentlicht. Autoren können in wenigen leichten Schritten print-Books, e-Books und audio-Books publizieren. Der Verlag hat das Ziel, die beste und fairste Veröffentlichungsmöglichkeit für Autoren zu bieten.

tredition wurde mit der Erkenntnis gegründet, dass nur etwa jedes 200. bei Verlagen eingereichte Manuskript veröffentlicht wird. Dabei hat jedes Buch seinen Markt, also seine Leser. tredition sorgt dafür, dass für jedes Buch die Leserschaft auch erreicht wird

Autoren können das einzigartige Literatur-Netzwerk von tredition nutzen. Hier bieten zahlreiche Literatur-Partner (das sind Lektoren, Übersetzer, Hörbuchsprecher und Illustratoren) ihre Dienstleistung an, um Manuskripte zu verbessern oder die Vielfalt zu erhöhen. Autoren vereinbaren unabhängig von tredition mit Literatur-Partnern die Konditionen ihrer Zusammenarbeit und können gemeinsam am Erfolg des Buches partizipieren.

Das gesamte Verlagsprogramm von tredition ist bei allen stationären Buchhandlungen und Online-Buchhändlern wie z. B. Amazon erhältlich. e-Books stehen bei den führenden Online-Portalen (z. B. i-Bookstore von Apple) zum Verkauf.

Seit 2009 bietet tredition sein Verlagskonzept auch als sogenanntes "White-Label" an. Das bedeutet, dass andere Personen oder Institutionen risikofrei und unkompliziert selbst zum Herausgeber von Büchern und Buchreihen unter eigener Marke werden können.

Mittlerweile zählen zahlreiche renommierte Unternehmen, Zeitschriften-, Zeitungs- und Buchverlage, Universitäten, Forschungseinrichtungen, Unternehmensberatungen zu den Kunden von tredition. Unter www.tredition-corporate.de bietet tredition vielfältige weitere Verlagsleistungen speziell für Geschäftskunden an.

tredition wurde mit mehreren Innovationspreisen ausgezeichnet, u. a. Webfuture Award und Innovationspreis der Buch-Digitale.

tredition ist Mitglied im Börsenverein des Deutschen Buchhandels.

MIX

Papier | Fördert
gute Waldnutzung

FSC® C083411

Zeitfracht Medien GmbH
Ferdinand-Jühlke-Straße 7
99095 Erfurt, Deutschland
produktsicherheit@kolibri360.de